Vaše oči, Gospođo

Pjesme i pripovijetke

Impressum : Ivanka Paul

Studeni 2024

Izdanje i model : Nado

ISBN : 978-953-49405-2-5

Studeni 2024 © Sva prava pridržana Ivanka Paul

Vlastita naklada autorice

Tisak: Lulu Press, Inc. | 627 Davis Drive, Suite 300 | Morrisville, NC | 27560

Mjesto i godina izdavanja: Komin, 2024.

Ivanka Paul

Vaše oči, Gospođo

Pjesme i pripovijetke

S francuskog jezika preveo dr. Luko Paljetak, književnik, redoviti član Hrvatske akademije znanosti i umjetnosti.

Monsieur Madame
L'auteur : Santor Paul
Publié en France en 2000
Edition : L.A.U.

Traduit en langue croate par dr. Luko Paljetak,
écrivain, membre régulier de l'Académie Croate des Arts et Sciences

Vaše ob. Gospodo
S francuskog jezika preveo dr. Luko Paljetak, književnik,
Redoviti član Hrvatske akademije znanosti i umjetnosti

Bon à tirer :

Odabravamo tiskanje

Traducteur   Auteur
Prevoditelj   Autor

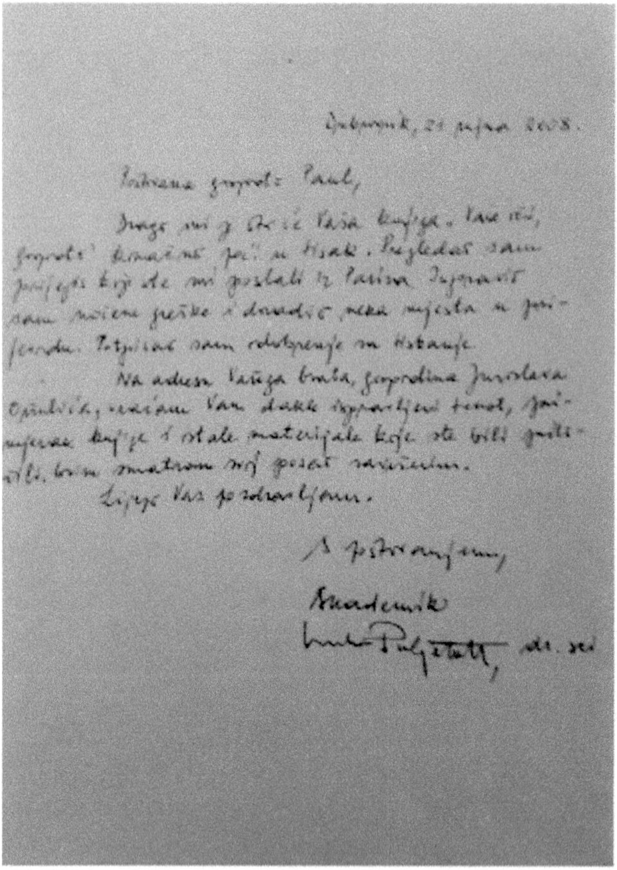

Ova zbirka dobila je drugu nagradu «Trophées Victor Hugo» za pripovijetku na XII. Festivalu umjetnosti i poezije na nacionalnom natječaju 2000. u gradu La Seyne-sur-Mer na Azurnoj obali u Francuskoj.

Svaka sličnost sa stvarnim osobama je slučajna i nenamjerna.

PREDGOVOR

Ivanka Paul nikad ne zastaje na vratima očaja. Čvrsto vezana za dušu ove prognanice, vjera u uskrsnuće jedne iskrvarene i ucviljene zemlje izražena je veličanstvenom ljubavlju prema čistim dojmovima.

Ritam, otkupitelj prirode koja se vječno rađa iz simbioze tih elemenata u božanskoj harmoniji, slaže se s ritmom ugnjetenih naroda koji se ne mire sa smrću. Jer Ivanka strastveno voli život. Snažan osjećaj bliskosti sa svojom majkom i s majkom-domovinom ponekad se ublaži da nam se pruži trenutak humora. Ton se mijenja, ali nam otkriva drugu vrstu ljudske mahnitosti. Nije to više rat nego trka za novcem, za diplomama, za počastima u svoj svojoj ispraznosti i oštrini, što je zapravo isto.

U toj alegoričnoj borbi između čežnje i nade Ivanka Paul zna za koju će se stranu opredijeliti. Njena unutrašnja snaga pobjeđuje sve teškoće.

Nicole Famin,
Ravnateljica « Cercle des Arts » u Parizu.

Trebalo se angažirati i odlučiti se napustiti svoju domovinu i sve svoje i kao jedini prtljag ponijeti knjige i svoju veliku ljubav: Francusku. Trebalo je znati odlučiti se za život daleko od svoje rodne grude i, unatoč poteškoćama i zamkama kao što su smrt, ljubomora, rat, stvoriti nov život. Trebalo se angažirati u tom novom životu tijelom i dušom, da bi se iz njega izvuklo sve što se može, i vidjeti sreću u svakom trenutku koji prolazi.

U tom svakodnevnom životu, koji nas vodi, ova zbirka ima svoje mjesto, jer život postoji kroz taj svakidašnji angažman. Svaka rečenica i svaka misao proživljene su u dnu duše.

Ako se spominje rat, to je zato što ga je život htio. Ako se smrt ponekad nalazi u kojoj rečenici, to je zato što je i smrt dio života. Ne radi se o tome da pjesnik sažaljeva sam sebe ili da plače nad svojom sudbinom zato što ima talenta za pisanje. Pjesnik svjedoči, ne bez ironije, ne bez humora. Nema osjećaja mizernosti. Nema suza. Tražeći događaje u dubini svakidašnjice, videći nevidljivo, pjesnik otkriva apsurdnost postojanja i daje mu misao tražeći da se spoji duh i čin. Tim riječima, u to ogledalo života koje nam prikazuje, on unosi red. Kao da želi reči: «Gledaj i smij se. Smij se svom bijegu, svom izbjegavanju odgovornosti. Smij se svojoj oholosti i svojoj nespretnosti. Ali gledaj oko sebe ljepotu života, onog istog života koji ti se ponekad čini okrutan. Nađi svoj put… pjesnik će te voditi.»

Umjetnikova nadarenost sastoji se u tome da pokaže čovjeku njegovu stvarnost njegovim pogledom. On opisuje najjednostavnija bića, takva kakva su, bez osobnog suda o njima; ne vrijeđa ih, niti ih izdaje. Zar se ne radi o darovitosti onda kada pjesnik ne izobličava život zbog svojih osobnih patnji, svojih frustracija, nego želi pokazati osjećanja, iluzije, ništavnost ambicija, s pozicije mudraca. Izoštreni pogled pjesnika promatra tu komediju, taj ples čovjeka, proračunatog i dobro organiziranog. I oštar i ironičan taj pogled u ovoj zbirci ostaje pogled žene, majke, duboko angažirane u svom postojanju.

Nathalie Paul

UVOD

Jedan prodavač usisivača za prašinu išao je od kuće do kuće da bi prodao svoju robu. Pokucao je na vrata kod obitelji Morgan. Vrata je otvorila jedna mlada djevojka... Očaran, zaboravio je na svoj usisivač i rekao: «S takvim očima gospođice, trebali ste biti filmska glumica». Je li taj čovjek bio pjesnik ili prorok? Jeli prodao svoj usisivač tog jutra? Priča o tome ne govori... Kako bilo da bilo, francuskoj kinematografiji poklonio je jednu novu zvijezdu i riznicu svijeta obogatio naljepšim očima u Francuskoj. Oči koje su prolile mnogo crnila, zbog kojih se sanjalo, plakalo, smijalo. Te oči koje mnogo govore, te legendarne oči, oči Michèle Morgan.

Sve se može kamuflirati, maskirati. Može se praviti «lifting». Ali oči? Oči spuštenog pogleda, drske oči, lažljive oči, laskave oči, duboki pogled, veseli pogled, baciti pogled, oštar pogled, «pogledaj me pravo u oči.» Oči ne lažu, izbjegava pogled, čak ga i ne gleda, u četiri oka.

Kad sam bila mala sve sam promatrala i bila sam radoznala. Čula sam kada je jednog dana moj otac rekao mojoj majci: "Zbog tih očiju sam te oženio."

Moj otac nije čuo za Michèle Morgan, jer u mom selu u to doba nije bilo kina. Svaki put kada čujem da netko kaže: «Ne činim ja to za lijepe oči», odmah pomislim da sam zbog lijepih očiju moje majke došla na svijet. Često sam promatrala sliku moje majke. Usporedila sam njene oči s mojim i tražila sličnost. Postoji svakako zajednička obiteljska crta. Ali, oči su jedinstvene.

U nekim zemljama žene su pokrivene, mogu im se vidjeti samo oči. Jer za tu gospodu oči služe samo za gledanje.

Pitam se također kako je moj otac mogao vidjeti oči moje majke, jer u ono doba mlade su djevojke obarale pogled. Pogledati jednog muškarca bilo je grijeh. Pogled je bio spušten a suknje duge. Moj otac je uvijek vidio ono bitno. Uspjeti u braku značilo je sudjelovati u stvaranju svijeta, u povijesti. Nije bilo razvoda. Trebalo je gledati pravo u oči. Zar se ne kaže da su oči prozori duše? Zar se biseri ne traže na dnu oceana?

Što se mene tiče, obožavala sam oči Marlona Branda i Alaina Delona.

Što se tiče običnih smrtnika, kad naiđem na očaravajuće oči bježim od njih jer ne želim izgubiti dušu.

I onda jednog dana, jednom nespretnjakoviću omakla je fraza: «Vaše oči, gospođo!»

Ivanka Paul

Zahvljujem doktoru Jeanu-Paulu Pouzetu i njegovoj ženi Suzanne na jezičnoj pomoći i podršci.

Zahvaljujem gospođi Nicole Famin, pjesnikinji i umjetničkoj direktorici «Cercle-a des Arts» u Parizu. Pjesničke večeri kod nje pomogle su mi da nađem svoj pravi izraz.

Zahvaljujem svojoj kćeri Nathalie za povjerenje i pomoć.

Zahvaljujem svim svojim prijateljima.

Ovu knjigu posvećujem svojoj djeci Thierriju i Nathalie, koji su najbolji dio mene. Oni su moja najbolja pjesma i moje prvo nadahnuće.

OTELA SAM SVOJ ŽIVOT

Otela sam svoj život
Iz žerave pakla.

Uzgajam dvije ruže srebrnih lati
Što blistaju na suncu,
Otporne na vihor
Koji ih mlati.

PUSTITE POTOKE DA TEKU

Pustite potoke da teku.
Pustite ptice da pjevaju.
Pustite svoje srce da progovori,
Ako ga imate!
Opasno je ušutjeti ga.
Svi pravednici su pjesnici!

MOJA SUDBINA I JA

Nije mi lako slijediti moju sudbinu.
Brza je, okrutna je.

Kada joj kažem mrak je,
Ništa ne vidim.
Ona šuti,
Skriva se.
Zatim kaže: Dođi, dođi.
Noge me bole, ima trnja,
Oklijevam, uzmičem, a ona me
Požuruje.

Meni je lijepo tu gdje jesam.
Ona mi kaže:
Ne ostaj u tami,
Da, ali nema staze.

Moje srce pati: meni je dosta, dosta!
Ponekad nasmiješi mi se ona,
Pruži mi ruku i kaže:

Pogledaj u šikaru,
Čini mi se da vidim nekoliko ruža,
I malo sunca: kliknem od radosti!
Ali, koračam oprezno, od straha da se ne
naljuti.
Ne bih je htjela prestići, jer ona to ne
voli.

Tako idemo jedna za drugom, kroz
maglu po suncu i tami.
Moja sudbina i ja.

Versailles, lipanj 1988.

OVO JE MOJA POSLJEDNA VOLJA

Starcu se lice zgrči od boli.
Iz očiju mu poteku dvije suze
i on mi se obrati:
«Predajem svoj prah ništavilu,
a svoja krila tvojim pilićima.
Poleti prema oceanu.

Kad dođeš do mjesta
gdje se naša rijeka stapa
s plavetnilom mora,
nemoj stati!

Ondje gdje se obzor gubi u nebu
Nemoj stati!
Pođi još dalje,
Cijelim putem će te pratiti moja duša».

NOSTALGIJA

Znate li kakva je to bol
Vratiti se kući
I naći staro kamenje
I stijene koje vas vole
I koje vam kažu:
Gdje si toliko godina,
Je li?

Znate li kakva je to žalost
Ne naći više stari bor koji je stoljećima
S visine kraljevao i
Sam vladao selom.
Slušao je stare priče,
Skrivao ljubavi i volio mlade.

Rekli su mi da su ga drugovi skinuli s
prijestolja.

Činilo im se da kora staroga stabla
lijepo pucketa u kaminu.
Ali njega tu više nema
I ne grije više ljudska srca.

Poznajete li ljubav, koja je niz rijeku,
Pjevala, voljela i utopila se u svojim
snovima.
Poznajete li život koji struji kroz vaše
žile.
Ljude i žene koji vas zovu.

Ja moram reći:
Volim vas.
Oprostite mi za vaše patnje.
Nosila sam vas u svom srcu.

Ruže će opet cvasti.
Vraćam se.

Versailles, 19. prosinca 1990.

O UMJETNIKU

Umjetnik je, kažu:
Lud, nespretan, nizašta,
Spava pod mostovima,
Bez budućnosti je,
Ne zna kud će,
Nije normalan!

Ali kad ćete shvatiti
Da vam je Bog umjetnika poslao
Da vam otkrije što je to ljepota
Svega što je stvorio.
Ljepota riječi, ljepota cvijeća,
Sunca i svjetlosti.
Umjetnik vam to čini vidljivim.

Ljepotu života,
Nejasna poglavlja,
Umjetnik ih za vas pjeva
U svojim stihovima i pjesmama.

Umjetnik je svjetionik u pustinji!
Na njegovu putu ljubav i mir
Najljepša su žetva.

Versailles, 31. lipnja 1991.

MOJA SLOBODA

Stanovala u palači,
Ili u kolibi
Ja sam slobodna! Ja sam slobodna kao
Korijenje u zemlji,
Ja sam slobodna kao lišće u zraku.
Moj san je pun blaženstva!
Ja sam slobodna što god činim.

Šetam svojim tajnim vrtom
U koji samo ptice mogu doći.
Ondje ima cvijeća u svako godišnje
doba!
Moj vrt je moj dom!
Ja sam pero i ja lebdim.
Ja sam slobodna čak i u tamnici.
Stražari nikada neće znati što se ondje
zbiva!

Ondje nema brave, nema doušnika,
Ničemu ne služi budnost onima
Koji su slijepi od rođenja.

Zraka svjetla koji dolaze iz dna duše
Samo ona zna
Da sam ja slobodna,
Da sam ja sva plamen!

Versailles, 8. siječnja 1998.

VRIJEME UŽINE

Tog dana pošla sam u kupovinu u jedan veliki trgovački centar. Bilo je to vrijeme Božićnih blagdana. Bilo je puno ljudi na ulicama. Izlozi su bili ukrašeni. Na trgovima je vladala predblagdanska živost. Na tržnici je bila upriličena veličanstvena priredba. Kao u western-filmovima, jedan vlak, gotovo u prirodnoj veličini, prolazio je kroz tunel nekog brda, a vojnici u blizini spremali su se napasti ga.

Pošla sam prema svojim kolima gurajući puna kolica. Odjednom približio mi se jedan desetogodišnji dječak. Tražio mi je koji novčić pruživši mi neki papir na kojemu je pisalo da je on siroče koje mora prositi. Odbila sam mu dati novaca. Bio je ustrajan. Što je on više nastojao, ja sam ga to odlučnije odbijala. Kada sam stigla do svojih kola otvorila sam prtljažnik i počela slagati kupljenu robu. Kada sam podigla glavu pogled mi je naglo zastao. Dječak je bio preda mnom. Kao nekim čudom preobrazio se.

To više nije bio prosjak koji pruža ruku. Anđeosko lice oslobodilo se svoga prijašnjega izgleda. To više nije bio prosjak koji je do maloprije pokazivao svoj papirić. Dijete je tražilo svoju uobičajenu popodnevnu užinu.

Prirodnom kretnjom, bez ikakva osjećanja sažaljenja, sućuti ili samilosti, otvorila sam jedan zamotak. Izvadila sam dvije banane i stavila mu ih u pruženu ruku.

Zahvalnim pogledom dječak ih je počeo vrlo pažljivo guliti. Zacijelo nije ništa rekao, ali čini mi se da sam u sebi čula kako je izgovorio uobičajenu frazu: Hvala, mama.

Nastavila sam slagati svoje stvari. Dječak je otišao.

Malo kasnije čula sam jedan gromki glas. Neki čovjek je vikao: Gubi se lopove, banane, vidi ti, ukrao si ih, je li?

Potrčala sam prema tom čovjeku. Gospodine, dječak ih nije ukrao. Ja sam mu dala te banane.

Ah, rekao je čovjek. Zaštićen, dječak je iskoristio tu situaciju da pojede komadiće koji su mu ostali na dlanu. Zatim je otišao i nastavio prosjačiti od kola do kola. Na lice mu se ponovo vratila ona stara maska. Više se nije obazirao na uvrede koje su padale jedna za drugom i na koje je bio navikao.

Što se mene tiče u sebi sam ponijela taj čudesni trenutak sreće i zadovoljstva. Na jednom parkiralištu u jednom trenutku susreli su se jedno dijete i jedna majka. Bilo je to vrijeme popodnevne užine.

KLJUČ

U zaključanu škrinju moji su preci
Zaključali tajne svoga života
I svoje sudbine,
I sve obične i neobične događaje.

U nju sam i ja pohranila
Svoje djetinje snove.
Izgubila sam ključ,
I uzalud ga tražim.
Gdje je ključ: negdje mora biti!

Neka progovore zidovi koji su vidjeli
sve,
Stvari i krajolik.

Neka progovore usnula srca
I predmeti pokopani.
Oni govore.

Bez pomoći i utočišta.

Slušam tišinu i shvaćam
Da su ključevi u mojoj svijesti.

Kucam na vrata svojih uspomena
Koje su sretne što mi mogu sve reći.

Ti hoćeš znati, evo tvoje priče:

Tvoji su preci živjeli u vjeri, i ljubavi,
A te su vrijednosti bile nekada u modi.

Probudi svoju svijest i čini kao oni,

Naći ćeš ključ njihove tajne.

Versailles, 1998.

VAŠE OČI, GOSPOĐO

(zadovoljni čovjek)

Ima zavidnu karijeru.
Sve pošalje kvragu kada je zaljubljen.
Ima ženu, bivšu ženu, buduću ženu,
Ljubavnicu, prijateljicu, i mnoštvo drugih
kombinacija da udovolji svom srcu.

Napravio je listu čekanja
u slučaju da je koja odsutna!

Da ne bi došlo do zabune
To mu sređuje tajnica!
Ne bi se reklo tako, al' to je čovjek
dobar jako.

Neki dan mi je rekao:
Vaše oči, Gospođo,
Podsjećaju me na blagi pogled moje majke.

Pomislih, kakav laskavac!
A što ako je bio iskren?
Neka sumnja me spopade.
Da nema slučajno još koje slobodno
mjesto
U svom srcu?

Osim ovakvih, Ima ih koji umiru od
samoće.

Imaju loše navike.
Utučeni, iskompleksirani.
Zatvorili su srce u kavez.
Prave se gospoda i sanjaju o boljem
svijetu.

O svijetu gdje su žene lijepe, bez
problema,
svađa, bez komplikacija, Božji dar.
U međuvremenu: Jedan za sve, sve za
jednoga.

Znajte, gospodo, da žene više vole biti
na listi čekanja
Takvog sretnog čovjeka,
Nego dijeliti samoću s jednim koji
vrijeme provodi
Sanjareći.

Versailles, 21. studenog 1995.

KARAVANA KOJA PROLAZI

U čast izbjeglicama koje su iz Bosne,
za vrijeme srpske agresije bježali prema Jadranu.

Karavana prolazi i ne zaustavlja se.
Nitko ne zna kamo ide.
Nitko ne maše!

Iza njih kuće u plamenu,
Ispred njih srušeni mostovi.

Karavana prolazi tiho
Prema nepoznatom cilju.
Sutra je na nas red!
Otići ili umrijeti!

Ne!

Čekati avione,
Te proklete ptice,
Koje bjesne na nebu moje Domovine.

Moje uništene Domovine.
Stoljetna kultura!

Gradovi i sela žrtvovani.
Veza između Zapada i Istoka,
Između križa i polumjeseca.

Moja ožalošćena Domovina!

Karavana prolazi i nestaje u zalasku
sunca.
Ni osveta ni pobjeda.

Polako naprijed!
Karavana nijemo prolazi bez cilja i
nade.

Mi svjedoci povijesti, razmislimo!
Bacimo pogled na karavanu koja nijemo
prolazi
Gubeći se u zalasku sunca.

Versailles, 24. travnja 1994.

RAZMIŠLJANJA

Imam sastanak sa samom sobom svakog dana u dva sata ujutro.

Mnogi ljudi se ne susretnu nikada.

Progonjeni svojim osjećanjem krivnje i nesavjesnosti oni bježe sami od sebe.

Kada im kažete: ja osobno, ti osobno ili on osobno, iznenade se kao džepar uhvaćen na djelu i odgovore vam: Tko je to?

Versailles, 12. prosinca 1996.

OD SVIH STRELICA KOJE JE LUCIFER

Od svih strelica koje je Lucifer na mene
odapeo,
pogodila me samo jedna.
U proljeće me natjerala na plač.

BESMISLICA

Moj sin ostaje ujutro u postelji,
Pod izgovorom da je beskoristan.
A na ulici gužva.
Uđem u kola, krenem, stanem,
Skrenem, vičem, kličem, plačem, od
očaja skačem.
Crkne mi gas, psujem kao pas.
Kasno ću na poso stići, šefu će se kosa
dići.

Grozno, grozno!
Radovi, sudar, policija, obvoz,
Sve je tu da se stvori usko grlo.
Trčim, kasam, zakasnila sam!

Na semaforu vidjeh žene koje se
šminkaju,
a ima i onih što plaze jezik, i što se
presvlače.

Muškarci čitaju novine, telefoniraju,
trube.

Ludi su oni, što ih to goni?

Ali to nije važno.
Važno je juriti i dalje žuriti.
Ajde sine trči samo.
Ali kamo?
Bilo kamo.
Naprijed, natrag.
U bilo kojem smjeru.
Glavno je da se krećeš.

Kada dođeš do mrtve točke ti ćeš se
smiriti.
Jurio si, to je dovoljno.
To je ohrabrujuće.

U ponedjeljak ti ćeš reći :
Vratili su se oni luđaci,
Da ponovno krenu u petak.
Oni će opet uzeti kola da bi otišli.
Kamo?

Jurila sam čitav tjedan, i na kraju sam
zaključila
da sam i ja isključena.
Ali kako?

Iz mog doma, iz mog kreveta, iz mojih
ljubavi, iz mojih...
Ne treba vas to obeshrabriti.
Uostalom nismo na zavodu za
zapošljavanje.
U međuvremenu napredujem, polako,
polako

žurim, žurim, i molim:
Bože daj da ovo potraje.*

Versailles, 25. studenog 1994.

---

*Ovu rečenicu izgovorila je Letizia Bonaparte kada je
njen sin Napoléon postao car.

UMRIJETI

Umrijeti, to ne znači izdahnuti,
Umrijeti, to je živjeti bez ljubavi!

TVOM BUĐENJU

Kad si se probudila
Nakon svog tisućugodišnjeg sna
Ti si nas ujedinila
Ti uspavana ljepotice!
U jedan glas pjevali smo svi:
Mali i veliki,
Bogati i prosjaci,
Slavni i nepismeni,
Vjerni i nezahvalni.
Taj dan svi smo bili tu!
Lijepa Naša Domovino, uvijek smo te
tako zvali.

Pod ruku sa svojim otmjenim kavalirom,
Koji te je doveo pred oltar povijesti,
Prihvatili smo te ljepšu nego prije.
Pozdravljamo mladu Republiku i njenog
Predsjednika.
Trebali su ti dokazi ljubavi.
Kada si se vratila dobila si ih od
svakoga od nas.

Tvoje kćeri i sinovi molili su te da ponovno se rodiš

I da nikada više ne budu siročad.

Hrvat ima svoju zemlju,

Priznat je i ponosan,

Bilo na svom tlu ili drugdje.

Plavo more i otoci neprestano blistaju u njegovim očima.

On će slobodno pjevati: « Lijepa Naša Domovino. »

Versailles, 15. siječnja 1992.

MOJ DOM

Moj dom su moje uspomene.
Moje uspomene koje bujaju od cvijeća.
Moji snovi koji me guše u suzama.

Moj dom je lijep.
Tu se okupljaju moji prijatelji.
Moji prijatelji, to su moji snovi.
Moje uspomene jesu sadašnjost.
Moji prijatelji me zovu.
Viđam ih često.
Moje me uspomene probude.
Ja ih milujem kao što se miluje dijete.

Listopad, 1990.

AKO MI KAŽEŠ : VOLIM TE...

Muškarac više ne zna reći: volim te.
A žena: i ja tebe.

Sve zasnivaju na pravu.
Imam pravo, imam pravo...

Ona mu to stalno ponavlja:
Ravnopravna sam s tobom,
Ma nemoj, kako to misliš?

Prvo, za devet mjeseci trudnoće nitko mi
ništa ne plaća,

A ni za dvostruki radni dan,
Jedan na poslu a drugi u kući!

Muškarac više ne zna reći: volim te,
A žena: i ja tebe.

Mi nemamo nikakva prava!
Po svim zakonima bar

Dijete će biti car.

Ako mi kažeš: volim te ja.
Ja ću tebi reći: i ja tebe, da!

PUTOVANJE

Otputovala sam bez prtljage.
Čak i veo bio bi teret
Za moju dušu koja prema nebu
tajanstveno leti
Da savršenu ljubav može proživjeti.

ČOVJEK I STABLO

Usred šumarka počiva čovjek i jedno
stablo.
Čovjek leži pod stablom.
Krv i sok stabla miješaju se i teku po
zemlji.

Čovjek, krivac, nesvjesno steže na grudi
stablo
Kao svjedok tog ludog pokolja
Koji vodi u propast.
Što jedno drugom govore, čovjek i
stablo usred šumarka?
Možda se dogovaraju o nekom
sporazumu.
Ali čovjek drži sjekiru.
Krv i sok stabla se miješaju i napajaju
zemlju.
Ovog proljetnog dana, kada se priroda
budi, čovjek je prolio stablu sok.
Od stabla su napravili lijes i tako
zajedno u zagrljaju

Jedan s drugim u utrobi zemlje ostaju nerazdvojni u vijeke vjekova.

Čovjek i stablo.

Što jedan drugome govore u vječnoj noći u proljeće

kada je posječeno stablo palo na čovjeka.

Ptice pjevaju. Grade gnijezdo bez stabla, na domet svih grabljivaca.

Propast će kao i stablo od ruke čovjeka s puškom

koji se zabavlja i puca, puca u prirodu koja želi živjeti,

hraniti čovjeka i služiti mu.

Versailles, travanj 1995.

ON JE MALENKOST

On je izvanredan, vrijedan, dobitnik,
pametan, najbolji, najjači, najljepši.
Prerano sazreo, okretan, prvi u školi,
prvi u svemu.
U trećoj godini, svirao je Mozarta,
U četvrtoj bio je čudan, u desetoj već
hvastavac.

Dok su se drugi vukli u ponavljačkim
klupama, on je bio prepun diploma.
Politehnika, političke nauke, ENA* i
tako dalje.
Iskustvo je sticao preko tuđih leđa.
Kada pogriješi, počinje iznova.
To skupo košta.
Ali to nije važno.
Budući da često griješi,

---

*Francuska politička škola za visoke državne
dužnosnike.

Nesposobnjaković, nespretnjaković,
Manijak, koji nema blage veze.
Nakon sjajnoga monologa, iz
pristojnosti
Plješću mu nakon toga,
Iako nitko ništa nije razumio,
I još manje učinio.
On je ohol, i oholost za njega krajnji je
cilj svega tog.
Ali sve je to ništa u usporedbi s
mravima koji marljivo rade ne gubeći ni
tren
i prave sebi log,
Koje on gazi gledajući s visoka.

On nije ništa u usporedbi s pjesnikom
Koji uzalud traži svoju dušu da zapali
plamen
I na njemu spali sve lažne vrijednosti.
I nakon toga on ostaje malen. Ali osjeća
bijedu svijeta, plač

Djece, žena, pjev ptica.

Vidi ljepotu cvijeća, gleda kako pupoljci
rastu.
On vidi život, vidi svoju dušu.
U trenutku polaganja računa on će reći,
bio sam malenkost, ali sam bio!

Versailles, lipanj 1995.

MOJA VJEŠTICA JE UMRLA

(MOJA LJETNA LJUBAV BILA JE SAMO DAH)

Svake godine odlazimo u selo moga djetinstva gdje još živi moja čitava obitelj. Selo se nalazi na obali Neretve, rijeke koja utječe u Jadransko more na jugu Hrvatske.

Početkom kolovoza čitava obitelj pomno čeka na dolazak našeg auta. Kada se koje auto pojavi kroz gusta stabla, i trske, vukući prikolicu, glasovi se uzbude.

"Evo ih, viču djeca. Evo Francuza! Stigli su, Georges i Nathalie.

To su oni, evo ih!"

"Paul, moj lijepi Francuz, stigao je", viče stara brkata žena koju u selu zovu vještica. Imala je bradu i brkove. Nije ih brijala. To su bile debele rijetke dlake koje su joj rasle na bradi i ispod nosnica i koje su se miješale s njenom raščupanom kosom.

Ona je bila među prvima koji bi radosno uzviknuli videći da dolaze Francuzi.

Suprotno običaju, nikada ne bi zagrlila djecu nego samo njihovog oca Paula.

Ti su se prizori ponavljali svake godine i djeca su se na to navikla. Ona su dobro poznavala staru ženu, ali bi Paul rado izbjegao njene strastvene poljupce. Ona je bila sastavni dio seoskog okoliša i krajolika. Paul se na to nije nikada navikao. Pogotovo zato što bi ga stara žena poljubila bezbroj puta vičući: «Moj lijepi Francuz, stigao je!»

Ona je tako postala prava strahota za Paula. Svake godine tražio je način na koji bi mogao izbjeći njene poljupce. Ali to mu nikada nije uspjelo. Ona je bila svugdje. Vidjela je kad dolazimo. Dolazila je u kuću da ženama pomogne pripremiti ručak. U kolovozu se tu okupi puno ljudi. Bude ih puno za stolom. Jednog jutra starica je došla kao i obično. Tražila je posla i jela. Obilati doručak koji je dijelila s nama često je bio njen jedini dnevni obrok. Odlazila bi nakon što bi pojela i više se ne bi vraćala tijekom dana.

Jednom oko jedanaest sati ujutro djeca su počela vikati: «Mrtva je, stara je žena umrla!» Roditelji su pritrčali. Starica je bila zgrčena, bez daha i mrtvački blijeda, brkata i bradate glave, kose razasute po grudima, s jednim malim rupcem koji je pokrivao glavu i uši.

Nije pokazivala nikakva znaka života. Starija djeca, uz pomoć roditelja, odnijeli su leš u prizemlje u jednu zračnu prostoriju. Bila se popela na prvi kat s košarom povrća da ga očisti.

Opružili su je i raskopčali, jer je bilo strahovito vruće. Više grudnjaka od najlona stezalo je njene mršave grudi i vrat. Ovratnik ju je gotovo gušio. Kada su je raskopčali polili su je octom i rakijom.

Stavili su joj leda na grudi. Opazili smo da još nije mrtva. Bilo joj je tuklo polako, ali je ipak tuklo.

Neki su stavljali uho na njene grudi i govorili: «Srce joj tuče. Nije mrtva.»

Domaćica se uznemirila. Uzviknula je: Umrla je u mojoj kući. Prokletstvo! Imat ćemo problema s vlastima. Milicija će mi doći u kuću. Zašto? Zašto je došla umrijeti u mojoj kući? Jedina osoba kojoj je odlanulo bio je Paul. Stara žena, koja je za njega predstavljala strahotu, neće ga više ljubiti onim svojim brkovima i bradom. Gotovo je! Napokon je gotovo. Slobodan sam.

Dotrčala je Amalija, kći te stare žene. Odlučila je majku povesti u svoju kuću da bi je dolično mogla pripremiti za odlazak na drugi svijet.

Stanovala je stotinjak metara dalje od nas. Zamolila je ljude da je prenesu. Iako nije bila jako teška u starici je bilo oko pedeset kilograma. Thierry se dosjetio. Kariola, uzviknuo je!

Žene su stavile staricu u kariolu*. Pažljivo su joj držale glavu i savile joj noge.

_____

*Kariola – mala kolica koja služe za vuču tereta.

Kada su stigli njenoj kući stavili su je na krevet. Neki su otišli po hitnu pomoć. Kada su bolničari pokušali podići tijelo starice, začuo se neki glas. «Pustite moju majku da umre.» Bio je to glas Amalije, staričine kćeri. Ona je istjerala bolničare iz svoje kuće. Zatim je pozvala svećenika da joj da zadnje pomazanje, sveto ulje koje se daje bolesnicima. Počeli su pripremati sprovod.

Naši praznici su završili. Otišli smo a da nas nije otpratila naša ljubljena starica koja je ležala na odru. Nismo mogli poći ni na pogreb zato što smo se morali vratiti jer je djeci počimala škola. Selo nije bilo u žalosti, ali nešto je nedostajalo u tom cijelom krajoliku. Nije je više bilo da nas isprati, te stare žene iz sela.

Slijedeće godine ponovno smo stigli tamo. Krajolik se nije promijenio. Uvijek smo se divili plavetnilu vode, trskama pokraj rijeke.

Odjednom Paul je skočio na sjedištu svojih kola. To je ona! Starica! Evo je opet. Raširenih ruku vikala je. «Moj lijepi Francuz, stigao je !» Pitali smo se jesmo li to stigli na drugi svijet. Ona je bila tu, živa. Oživjela ili uskrsnula? pitali smo se. Paul je morao pristati da ga poljubi kao i svaki put. Ona ga je ljubila jače nego obično, zato što ga nije uspjela poljubiti prošle godine na odlasku. Nestrplivo je čekala.

Život je tekao svojim ustaljenim tijekom.

Dvije godine poslije, stižući istom cestom, doživjeli smo pravo iznenađenje. Više nije bilo stare žene. Ovaj put je zaista nije bilo. Zaustavili smo se na ulazu u selo i pitali: «Gdje je»? «Umrla je», odgovorili su nam. «Umrla je ove zime. Vlak ju je povukao svojim dahom. Htjela je prijeći preko tračnica i previše se približila vlaku koji je tog trena prolazio.» Bila je zaista mrtva.

Pogreb, koji je već bio pripremljen dvije godine prije, obavljen je. Djeca su još dugo vremena govorila o karioli hitne pomoći u kojoj su bili odvezli staricu.

Paulu se na licu vidio tračak tuge. Vlak ju je odnio svojim dahom. Stara žena i nije bila nego dah.

NEBO I MORE

Kako je velika ljubav neba i mora!
Nebo pokriva more zvijezdama,
povjetarcima, nježnostima,
Mjesečinom, svježinama.
More održava plavetnilo školjke, bisere i
sreću.

A jednog dana nebo se naljuti,
Postane crno od oblaka što blistaju od
munja,
Pokrene oluju, grmljavinu i gromove,
Potopi brodove,
Proguta ribare.

Zazvone zvona da potjeraju taj pakao
I da pomire nebo i more.

Zašto se nebo naljutilo?
Da nije ljubomorno na mornare i ribare
koji se, kad padne noć,

Kao mali lopovi ili preljubnici vinu
prema pučini.
S ribarskim mrežama, privučeni
dubinama. Žele razotkriti
Njene vječne tajne.
Sada je mirno.
Mir i tišina zavladaše svemirom.
Nijedne bore na površini mora
Ni broda ni ptice!
Od te ljubavi rodio se život na zemlji.

Versailles, 27. rujna 1992.

PROBUDI SE, STARI SVIJETE

Je li tako teško postati velik,
O stari svijete!
Nedaleko odavde, na Balkanu, umiru
nevina djeca.
Žrtvujte malo svoje dokolice.
Ondje ona zaspu samo kada imaju
umrijeti.

Vi to možete spriječiti.
Što čekate, što čekate?
Zašto?

Je li tako teško postati velik, stari
svijete?

Probudi se sada.
Sutra će biti prekasno.

Na Balkanu se zaspi samo kada se ima
umrijeti.

PLAMEN NA MOSTU « ALMA »

Poklonila ga je Amerika u znak
prijateljstva.
Pokriven je cvijećem i natpisima nježnih
poruka.
Postao je sveopći simbol ljubavi.
Sa svih strana očaravaju nas plave oči
Princeze od Walesa*.

I mole nas buketima raznobojnog
cvijeća koji šire nostalgični sjaj sreće.
S obje strane trga dvije bolne rane
neprestano izbacuju vozila.
Na trinaestom stupu, koji je bio koban,
prestala su kucati srca ljubavnika.

---

* Princeza od Walesa, Lady Diana Spencer, majka
budućeg kralja Engleske, poginula je u saobraćajnoj
nesreći u Parizu, 31. kolovoza 1997, pod mostom Alma.

Zbog ljubavnika s mosta «Alma» zastaju prolaznici da se poklone

Plamenu koji je postao oltar na slavu nevinih.

Donose cvijeće da proslave kraj jednoga ljeta.

Pod jednim mostom usred noći počiva nepomična jedna princeza,

Blistava od ljepote.

Pokrivena krvlju i okrutnošću onih koji je povjeriše jednom

Pijancu i koji je progoniše da ulove njen pogled, ili kretnju sporu i otmjenu

Dva mlada princa siročad su bez majke. Jedno kraljevstvo sklerotično i kruto

Izgubilo je osmijeh i ljupkost koji su nam bili tako dragi.

Svijet će čuvati uspomenu na kraljicu srdaca.

Versailles, 18. Studenoga 1998.

VODILA SAM BITKU PRSA U PRSA S DEMONOM

Vodila sam bitku prsa u prsa s
Demonom.
To je bila paklena bitka.
Po tu cijenu to sam što jesam.

Versailles, 2. prosinca 1998.

SABLASTI POVIJESTI

Sve sablasti povijesti sastale su se u
mojoj Domovini!
Izišle su iz zemlje gdje ih je zadnji rat
uspavao.

One su drijemale i gunđale zlopamteći, s
gorčinom pripremajući osvetu.

Sva čudovišta povijesti sastala su se u
mojoj Domovini da se međusobno
obračunaju.

Sada su iscrpljene, izgladnjele, bez
argumentacije.
Srame se.
Prave bilancu svojih obračuna.
Povukle su se i ostavile iza sebe
masovne grobnice i zgarišta,

Prizore nepodnosive za naše oči

Versailles, 10. svibnja 1992.

72

TAJNICA I NJEN ŠEF

Nakon mozganja, uključivanja i
isključivanja,
Telefonskih razgovora, obaveza i
isporučivanja,
Za danas je dosta.

Zadovoljan ili nezadovoljan, isto mu se
piše.
Ako mi ima nešto predbaciti, neka to
učini sutra.
Za danas mi je dosta, ne mogu ništa
činiti više.

Zalupila sam vratima,
Pospremila ladice, bacila škrabotine,
Otipkala izvještaj,
Uvijek je zle volje, gunđa i cjepidlači.
Nikad ne odlazi na vrijeme, ništa ne
riješi.

Moja je plaća već desetljećima ista,

Moj šef je isti, samo što je ostario.
Zadovoljan ili nezadovoljan,
Riješit ćemo to sutra.
Idem kući, započet ću novi radni dan,
Nahranit ću svoje mališane.
To je moj pravi problem.

Zadovoljan ili nezadovoljan,
Sutra je novi dan.

DOK STE BILI ODSUTNI

Dok ste vi bili odsutni, pisala sam svoja
pisma.
Dok ste vi bili odsutni, nazvala sam
svoju majku.
Dok vas nije bilo ovdje, ćaskala sam,
sanjala i živjela.

Kada ste se vratili,
pravila sam se luda.
Nisam vam rekla što sam mislila.

Nisam vam rekla što sam radila.
Nisam vam rekla što sam vidjela.
Nisam vam rekla kamo sam išla.
Nisam vam rekla tko je dolazio.
Pravila sam se luda.
Vi znate da ja lažem, ali ste zadovoljni.
Jer dok ste vi bili odsutni, ja sam bila tu.

Za sve poruke ja kažem:
Zvala je ona.
Vi kažete: koja?
Ja odgovaram: ona ista.
Sve činim da vam zagorčam život.

Ja sve pretražim.
Poremetim vaše ure njihalice.
Izvadim sve vaše streljivo.
Držim u šahu sve vaše ljubavnice.
Otkrivam im sve vaše probleme.
Dok vi niste bili ovdje,
Vratilo se dobro raspoloženje.

Vi šarmirate svakoga, a posebno žene.
Vašu bivšu ženu, vašu buduću ženu.
Ja svima kažem: Madame, njega nema.
Tako da pomisli da je on s drugom.
Da stvorim zbrku.

A onda odjednom vi banete.
Ono što je važno jest da vi vjerujete da
vam drugi vjeruju.
I da vas se svi boje.
I da je sve u najboljem redu.
U dobrom raspoloženju i povjerenju.

Kada ste na vikendu, ljetovanju,i
ostalom,

Dok ste vi bili odsutni, svi su bili
zadovoljni.

Vrijeme je da ova komedija prestane.
Vi lažete ženama, ja lažem vama.
Vi se derete, vi imate vlast.

Bilo bi vrijeme da sutra možda
postanemo prijatelji.

Takav je život.

Veljača 1995.

VODIČ

Umjesto da ostanemo ovdje, majko, bježimo.
Ali ne možemo pobjeći, kćeri moja, stražari su svuda okolo.
Upravo zato, majko, trebamo otići. Umrijeti ćemo u bijegu. Bit će to brza smrt. Ako ih izazovemo, smjesta će nas strijeljati. Nećemo patiti. Majka se s tim složila.
Uzele su sa sobom nešto malo osobnih stvari koje su imale u tom sramotnom logoru. Zatim su otišle.

To je bio razgovor između Marije i Mire u logoru u Srebrenici u Bosni 1992.

To je bio logor u koji su vojnici okupljali žene da bi ih zatim poslali u logore-javne kuće.
Te dvije žene, majka i njena trinaestogodišnja kći, krenule su jedna za drugom. Majka je išla prva, da ohrabri kćer. Nisu trčale kao što su to bile naumile prije, nego su krenule. Bile su

79

umorne i vjerovatno pomalo uplašene na pomisao da su time organizirale svoju vlastitu smrt. Ali scenarij nije posve uspio.

Hodale su jedna za drugom umornim korakom, ali s čvrstom odlukom. Izabrale su trenutačnu smrt. Umjesto smrti duše koja ih je čekala u logoru s vojnicima.

Taj stav, odlučan, smion i herojski, nije privukao pozornost vojnika. Pucali su, ali neodlučno. Bili su iznenađeni tom opuštenom "šetnjom". Oni vjerovatno nisu ni pomislili da je to pravi bijeg.

Idući tako dvije su žene stigle do ruba šume prešavši ženski logor a da ih nitko nije ni zaustavio. Stigavši do šume bile su uplašene i zbunjene. Što sada? Isplanirale su svoju smrt u logoru, da ih streljaju srpski vojnici, a ne život u šumi. Padala je noć…

Zavijanje vukova značilo je da u šumi vlada zima i glad. Zvijezde je skrivao dim i magla. Strah, zima, glad jezom su obuzeli te dvije žene. Ni jedna staza nije pokazivala smjer spasa.

Nakon dva dana hoda, iscrpljene ugledale su neko selo. Nije mu se bilo lako približiti zato što one nisu znale koje nacionalnosti i koje vjere su njegovi stanovnici. To je bilo još teže zato što je majka bila Hrvatica a kći Muslimanka. Ipak su pokucale na jedna vrata. Otvorila su se. Neka žena u crnom upitala ih je za njihova imena. Jer po imenu može se prepoznati kojoj vjeri tko pripada. Ne znajući s kim govore, natjerane glađu i studeni, dvije žene rekoše svoja prava imena, premda se obično kaže neko drugo ime u skladu s okolnostima. Žena u crnom, nakon što je shvatila da nisu njene vjere, bacila im je malo kruha i malo prnja. Bježite u šumu, reče im ona. Idite za psom. On će vas voditi.

Pas dresiran za spašavanje izbjeglica, krene. Dvije žene pođoše za njim. Pseto, pseto, imaš li ti neko ime? Kojoj strani ti pripadaš? Pas nije dizao glavu. Ime mu je moglo biti samo pas. Nije mu bilo potrebno drugo ime. Imao je zadatak koji je odano izvršavao. Spašavati živote ljudi. Pseto, pseto, govorila je i dalje Marija nadajući se odgovoru, jer je sve što se događalo bilo čudno.

Pseto, pseto, čuješ li me, pseto? Da bi razbila tišinu Marija nastavi. Uostalom, ti si samo pas! Umorni koraci narušavali su grobnu tišinu kad bi smrznute noge udarile u koje stablo ili kamen slijedeći trag pasjih šapa utisnutih u netaknuti snijeg.

Marija iscrpljena uzdahnu: Bože, evo moj život se sveo na mudrost, inteligenciju i veličinu ovog psa, kojemu ne znam čak ni ime.

Dvije žene nisu više bile same. Imale su vodiča.*

18. rujna 1998

---

*Ulomak iz romana «Zvonik»

AKO TI NEZNAŠ

Ako ti neznaš tko si ti,
Ne možeš znati tko sam ja.

ISKUSAN MUŠKARAC

Iskusan muškarac vrijedi za dvojicu.

Iskusna žena vrijedi za četiri.

MOJA GITARA

Sve svoje tajne i sve svoje nade,
povjerila sam svojoj gitari.

Od tada ona je moj najbolji prijatelj.
Moj vodič,
Moj najbolji savjetnik.

Za moju zemlju koja krv mora liti,
Za dijete koje plače sad,
Za majku koja se nada da rata nikad više
neće biti,

Ni kod nas ni drugdje,
Izvan naših granica.
Za to ja pjevam.

Prijatelji dobri
Razumjeli su dobro,
Da me moja gitara naučila svemu.

Grmljavina topova,
Sirena koja najavljuje dolazak aviona,
Dim koji pokriva Dubrovnik,
Dragulj naš,
Neće naći ono što se krije u dnu moga
srca.

Zvuci moje gitare mole
Da svi narodi zapjevaju svjetlost, ljubav
i mir,
I da se vole,

Pjesme će zaigrati kolo oko svijeta
svega,
A moja gitara pratit će njega.

Versailles, 10. ožujka 1992.

OVO JE MOJA KUĆA

Ovo je moja kuća, ovo je moj krov,
Spokojni smo tu
Ja i pas moj, ja i pas moj.

Imam prijatelje, puni smo veselja,
Prijatelji su svratili k nama,
Radovali smo se, moj pas i ja.

Najviše što u životu učinih stvar je ta.
Zadovoljni smo moj pas i ja.
Imamo svoj mir, savjest nam je čista,
Ni od koga ne tražimo nikada ništa,
Moj pas i ja, moj pas i ja.

Kada dođe zima, ne bojimo se hladnoće,
Grijemo svoja srca,
Moj pas i ja, moj pas i ja.
Svi koji pokucaju tu,
Nađu utjehu.
Ima dosta mjesta.

Nitko ne ostane vani.
Otvaramo vrata,
Moj pas i ja.

Ovo je moj krov, ovo je moj dom,
Moj pas i ja, živimo u domu tom.

Listopad, 1998.

TUGA ZBOG IZGUBLJENOG
PRIJATELJSTVA

U svibnju 1980. bila sam vrlo umorna. Moj liječnik odredio mi je odmor videći da sam potištena. Za vrijeme tog odmora pronašla sam prijateljicu koja je radila u jednoj jugoslavenskoj banci na aveniji Champs-Elysées.

Nazvala sam je i dogovorile smo se da se jednog jutra nađemo u Parizu za vrijeme stanke za užinu. Prošetat ćemo kroz trgovačku Galeriju «Lido» i na brzinu pojesti tost sa sirom i popiti kavu. Bila bi to prigoda da osvježimo svoje studentske uspomene na Sarajevo.

Da ispričamo jedna drugoj što se sve s nama dogodilo, što smo sve u međuvremenu proživjele. I da po mogućnosti saznamo što o našim kolegama s Filozofskog fakulteta u Sarajevu.

Stigao je taj dan. Došla sam u dogovoreni sat. Kako sam imala malo vremena, i da se što prije susretnem sa svojom prijateljicom, popela sam se u njen ured.

Lijepo me primila i zamolila me da pričekam dok ode po svoju torbicu.

Ušla je u svoj ured gdje joj se obratio neki gospodin koji je, čini se, bio njen pretpostavljeni. Slijedila ga je ozbiljna lica. Izgleda da je to bio onaj na kojega mi se žalila preko telefona. Govorila mi je da ima šefa koji je manijak i paranoičan, da je nemoguć.

Ima titulu doktora, ali se ne zna za što. Na čemu je dovraga mogao doktorirati u jednoj socijalističkoj banci u samoupravljačkom društvu, koja nema kapitala, valjda samo «Kapital» Karla Marxa. Objasnila mi je da je u njenom interesu da ga, kada mu se obraća, oslovljava titulom «Doktor». Tako je po cijeli dan govorila: Da, Doktore, hvala, Doktore, doviđenja, Doktore.

Zadržala se prilično dugo u njegovom uredu. Pomislila sam da neće moći izići. Po svemu sudeći moja prisutnost stvorila je tu neko neugodno ozračje. Shvatila sam da je on nju pozvao u svoj ured zbog mene.

Poznavajući ta lica i te traumatične situacije pomislila sam da nisam trebala dolaziti u taj ured. Bolje bi bilo da sam ostala čekati na aveniji Champs-Elysées, nego da ulazim u taj kutak istočnih zemalja, odakle potječem.

Izašavši iz ureda svog pretpostavljenog moja prijateljica rekla mi je ozbiljnog lica: Idemo. No, umjesto da ostanemo zajedno jedan sat, koliko mi obično treba za užinu, možemo ostati koliko god ti želiš i ručati u restoranu koji ti izabereš.

Radnja se događa u jednoj zgradi na aveniji Champs-Elysées. Da taj ured nije pripadao ustanovi jedne istočne zemlje, taj bi mi prijedlog laskao.

Ali u kontekstu 80-tih godina u sklopu jugoslavenske administracije, jedan je visoki dužnosnik dao naređenje jednoj od svojih suradnica. Naše prijateljstvo je tog časa umrlo. To smo obje shvatile. Netko iz njene službe prepoznao me. Moja prijateljica bila je agent.

Rekla sam joj da prihvaćam njen prijedlog. Izabrala sam restoran «L'Alsacien». Volim kiseli kupus s prilogom u tom restoranu.

Restoran nije bio problem. Ali što se tiče vremena, to će biti dugo i naporno.

Znajući da će naš razgovor biti od važnosti, da će biti snimljen i preslušavan, trebalo je o tome voditi računa. Nisam se smjela zaboraviti, malo više popiti, niti zanijeti se.

U restoranu je bilo ugodno. Kiseli kupus je bio izvrstan. Preostalo mi je potruditi se probuditi svoju maštu, smisliti scenarij, govoriti o nečemu što sam htjela zaboraviti, jer je trebalo stvoriti dojam da je taj razgovor iskren i emotivan. Upotrijebila sam sve svoje preostale snage.

Komediju sam igrala do kraja. Moja prijateljica osjećala se u zamci više nego ja. Nije prikupila puno podataka. Razgovor je bio nezanimljiv, odnosio se na obične stvari. O našim prijateljima govorile smo samo općenito i površno. Govorila sam o svojim dojmovima o životu u Francuskoj, kao žena. Govorila sam o modi.

Hladno smo se rastale. Nije to bilo nalik na ono «Zbogom, prijateljice». Naši su pogledi bili ugašeni, zatvoreni.

Bol me je u tom trenutku duboko prožela da bi se pridružila mnoštvu drugih promašaja i drugih lomova. Bio je to posljednji put što sam vidjela svoju prijateljicu.

Što se tiče mog zdravlja vratila sam se kući prazna i s muklom boli u grudima.

Sutradan sam ponovno otišla svom liječniku, koji mi je također prijatelj. Iznenadio se kada je vidio kako izgledam.

Objasnila sam mu što se dogodilo. Propisao mi je ponovno bolovanje i odmor u Provansi. Ovaj put trebalo je liječiti ne samo premorenost nego i zaboraviti Champs-Elysées i pokopati staro prijateljstvo. Zaboraviti studentske godine, staviti konačno točku na dio mog života i moje mladosti u Sarajevu.

Pariz, 12. prosinca 1998.

FOTOGRAF

Na peronu jedne stanice,
Neki skitnica fotografira žene, vlakove u
prolazu.

Neki ludi skitnica, bez prtljage, govori:
Ja sam siroče, nikada nisam volio život.

Za prvi novčić koji sam zaradio,
Priuštio sam sebi luksuz, fotografski
aparat.

Da, gospodine, zaista, kupio sam ga!

Snimam sve.

Nebo, zemlju, zvijezde, žene, djecu,
muškarce, cvijeće,
Školjke, groblje, zaruke, vjenčanja,
Seoske svetkovine.

Samo lica, lica, lica, lica

Postoji valjda jedno koje njoj pripada.
Čak ni pjesnik neće da sluša moje jade.

Nikada nisam tražio nasljeđe.
Ne, gospodine, ne nasljeđe.
Samo jednu fotografiju.

Samo jednu fotografiju – njenu.

Nije valjda živjela prije početka svijeta.
Netko je se sjeća.
Kažu da je bila nježna i lijepa.
Znam da je ona vječna, ali na koga sliči?

Vidio sam čak i prikaze, znakove
sudbine.
Ali, je li to ona?
Imam fotografije svega što je lijepo:
Zvijezda, morskih dubina.
Pa i kristala.
Uostalom, zašto ne?

Postoje lica nalik na kristal.
Ona je bila obična.

Mogla je biti ptica, zvijezda.
Moja majka je umrla kada sam se rodio
I nitko, slušajte dobro,
Nitko, pa čak ni ona budala moj otac,
Nitko je nikada nije slikao.
Nikada nisam vidio njeno lice.

Tražim jednu fotografiju,
To može biti obična skica, model.
Ne, nemojte reći da to ne služi ničem.
Nitko me neće odvratiti od toga.
Tražim jednu fotografiju, jedinu na koju
imam pravo.

27. siječnja. 1999 (moj rođendan)

SADRŽAJ

BILJEŠKA O AUTORICI

Rođena u Hrvatskoj u Kominu 1939. Ivanka Paul završila je Filozofski fakultet na Sveučilištu u Sarajevu, gdje je diplomirala i dobila zvanje profesora francuskog jezika i francuske kulture. Živi u Francuskoj od 1965. Godine 1975. završila je studij prava na pariškom Sveučilištu Sorbonnei. Godine 1992. osnovala je društvo za kulturnu razmjenu Francuske i Hrvatske (YDEAL). Od 1995. do 1998. bila je glavna i odgovorna urednica akademskog lista «Journal des écrivains du 7ème Arrondissement de Paris» (Dnevnik književnika 7. Pariškog okruga). U okviru spomenutog društva, organizirala je okrugle stolove, priređivala pjesničke večeri. Napisala je brojne članke, reportaže i priređivala radio emisije za Hrvatsku. Član je Društva Francuskih pjesnika, udruge «Cercle des Arts» i Društva za zaštitu francuskog jezika. Odlikovana je pozlaćenom medaljom za zasluge: «Mérite du Dévouement Français». Primila je odličje

«Hrvatskoga Pletera» koje joj je dodijelio predsjednik dr. Franjo Tuđman za promicanje i širenje hrvatske kulture u Francuskoj. Dobila je srebrnu medalju Francuskog akademskog društva umjetnosti i znanosti (Arts Sciences et Lettres).

Zbirka Vaše oči, Gospođo njen je prvijenac. U njoj je objavila pjesme koje je čitala na brojnim međunarodnim Festivalima. Publiku je osvojila svježinom i alegoričnim humorom svojih pjesama.

Za ovu zbirku dobila je drugu nagradu, plaketu «Viktor Hugo», na dvanaestom međunarodnom festivalu poezije i umjetnosti u gradu Seyne-Sur-Mer na Azurnoj obali u Francuskoj.

Prestižna Međunarodna Akademija Lutecija dodijelila je Ivanki Paul, 30. ožujka 2008. brončanu medalju s pohvalom, za njeno djelovanje u svijetu kulture i literature u Francuskoj.

OSTALE PUBLIKACIJE IVANKE PAUL

« Vos yeux Madame (Vaše oči Gospođo) », izdanja LAU, lipanj 2000. Pjesme i pripovjetke (Francuski)

« Rien n´est perdu quand on a aimé (Ništa nije izgubio onaj koji je volio) », izdanje Le Scribe l'Harmattan, 2010 (Francuski)

« Goodbye Tito : Memoari mlade provincijalke sa nazadnim idejama koju je trebalo preodgojiti ili prevaspitati blagim metodama u Jugoslavijii Josipa Broza », izdanja NP Publishing Travanj 2019. (Hrvatski i Francuski)

« Bog i Veslo », izdanje NP Publishing (Hrvatski), 2021.

Kontakt: ivanka.paul@gmail.com
https://bit.ly/ivankapaul

Foto: osobna arhiva Ivanka Paul